LA

QUESTION D'ORIENT

ET LE

CONGRÈS DE BERLIN

PARIS. — E. DE SOYE ET FILS, IMPR., 5, PL. DU PANTHÉON.

LA

QUESTION D'ORIENT

ET LE

CONGRÈS DE BERLIN

EXTRAIT DU *CORRESPONDANT*

PARIS

LIBRAIRIE DE CHARLES DOUNIOL ET Cie, ÉDITEURS

29, RUE DE TOURNON, 29

1878

LA QUESTION D'ORIENT

ET LE CONGRÈS DE BERLIN

I

Le Congrès convoqué dans la capitale de l'Empire allemand pour le règlement des affaires d'Orient s'est réuni à Berlin le 13 juin et il a terminé sa tâche juste un mois après le 13 juillet. Voici en quels termes le prince de Bismarck, ouvrant le Congrès, en a défini le but :

Les stipulations du traité de San-Stefano sont en plusieurs points de nature à modifier l'état des choses tel qu'il se trouve fixé par les conventions européennes antérieures, et c'est pour soumettre l'œuvre de San-Stefano à la libre discussion des cabinets signataires des traités de 1856 et de 1871 que nous nous trouvons réunis. Il s'agit d'assurer d'un commun accord et sur la base de nouvelles garanties la paix dont l'Europe a tant besoin.

Il est, selon nous, trop tôt encore pour porter un jugement définitif sur le traité de Berlin, pour en préciser la portée et les conséquences; mais il est une chose qu'on peut faire dès aujourd'hui c'est de préparer les considérants de ce jugement. Il nous a paru que l'un des plus sûrs moyens d'y contribuer, c'était de rechercher le rôle qui a été joué par les diverses puissances dans la question d'Orient, la part qui revient à chacune d'elles dans ses différentes phases et les résultats acquis pour les uns et les autres. C'est un examen qui, dans tous les cas, offre un incontestable intérêt.

On se rappelle les origines les plus récentes de tant et de si graves événements. Quelques révoltes partielles et de peu d'importance éclatèrent en Bosnie et en Herzégovine dans le milieu de l'année 1875. La triste condition des chrétiens dans ces provinces en était la cause, mais cette cause était ancienne et pour ainsi dire permanente. Il fallut certainement une occasion qui vint rajeunir en quelque sorte et vivifier cette cause et qui détermina la nouvelle explosion? Laquelle? On l'a cherché sans l'avoir découverte encore. La trouverait-on dans un redoublement de souffrances des populations? Le voyage de l'empereur d'Autriche en Dalmatie, qui avait eu

lieu quelques mois auparavant, fit-il à celle-ci l'effet d'un encouragement à secouer le joug des Turcs. L'excitation vint-elle des
sociétés secrètes de Slaves? Il est difficile de préciser dès aujourd'hui jusqu'à quel point ces causes réunies, ou séparées, occasionnèrent l'insurrection chrétienne. L'avenir apportera sur ce point les
lumières qui nous manquent aujourd'hui. Quoi qu'il en soit, l'insurrection, si faible au début, ne tarda pas à se développer, à ce point
que la Turquie n'hésitât pas à appeler sur elle l'attention de l'Europe.

Il était difficile à celle-ci de méconnaître que les traités de 1856
n'avaient pas porté les fruits que l'on était en droit d'en attendre.
L'impéritie de la Turquie était manifeste pour soulager les souffrances des chrétiens et apaiser leurs plaintes.

Les puissances s'en émurent et l'Autriche, plus directement
atteinte que les autres par les conséquences d'un état de choses dont
le théâtre avoisinait ses frontières, proposa à l'Europe d'adopter un
programme de réformes destinées à améliorer le sort des chrétiens
en Bosnie et en Herzégovine et que la Turquie serait mise en demeure
d'appliquer. Ce fut l'objet d'un document connu dans le monde
diplomatique sous le nom de note du comte Andrassy.

La Turquie l'accepta comme les autres puissances, non sans une
certaine répugnance qui fut partagée au reste par l'Angleterre.
Mais l'insurrection gagnait du terrain ; elle embrassa peu à peu toute
l'étendue des deux provinces, et la Porte ajourna ses réformes en
objectant que la paix était nécessaire pour les mettre en pratique.
Cette objection n'était pas absolument dénuée de valeur : cependant
si la Porte avait su inspirer plus de confiance aux insurgés ou si
elle avait mis plus de vigueur dans la répression, elle eût hâté le
moment d'améliorer une situation devenue insupportable. L'insurrection continua, en prenant chaque jour de plus grandes proportions,
et la Turquie témoignait de plus en plus de son impuissance. C'est
alors que la Russie entra en scène. Suivant elle, les remèdes proposés
par le comte Andrassy étaient devenus insuffisants avant même
d'avoir été appliqués. Elle entra en pourparlers avec ses deux alliés,
l'Autriche et l'Allemagne, et leur soumit un nouveau projet qu'elle
devaient proposer ensuite à l'adhésion de l'Angleterre, de la France,
et de l'Italie, c'est-à-dire des puissances qui avaient signé comme les
trois Empires les traités de 1856.

Le prince Gortschakoff, chancelier de l'Empire de Russie, arriva
à Berlin dans les premiers jours du mois de mai 1876 et s'y rencontra avec le prince de Bismarck et le comte Andrassy. Les trois
ministres s'entendirent sur la teneur d'un memorandum ; une fois
d'accord ils convoquèrent à une réunion spéciale les ambassadeurs
d'Angleterre, de France et d'Italie pour leur donner connaissance de

ce document, entendre leurs observations et obtenir par leur inter-
médiaire l'assentiment des gouvernements dont ils étaient les représentants à Berlin. La France et l'Italie adhérèrent; le memorandum,
en effet, ne leur semblait pas de nature à porter atteinte aux traités
de 1856. Il sauvegardait le principe de l'intégrité territoriale de
l'Empire ottoman, et excluant la possibilité d'une action isolée de la
Russie, il protégeait la sécurité de l'Orient et avec elle la paix du
monde. Mais l'Angleterre déclara nettement qu'elle le repoussait.
Ce fut le commencement de toutes les difficultés qui devaient créer
tant d'entraves au réglement de la question orientale. L'antagonisme
qui existait d'ancienne date à ce sujet entre certaines puissances
devait naturellement reparaître lorsque la question elle-même ren-
trait dans une phase active. Les points de vue différents se mani-
festèrent, chacun considérant sa solution comme la meilleure, ou
plutôt regardant celle du voisin comme importante à écarter. Le
récit que nous entreprenons est plutôt le tableau d'un conflit d'influences rivales que celui d'une lutte commune et généreuse, de la
part des grandes puissances, pour le triomphe d'une grande cause.
On verra comment l'intérêt chrétien et l'intérêt européen, objets
premiers des préoccupations des puissances, s'effacèrent insensible-
ment devant les intérêts particuliers, et comment, relégués au second
rang, ce fut à grand'peine qu'au règlement final ils obtinrent une
place à côté de ceux qu'ils devaient dominer.

II

Ce premier désaccord s'étant manifesté à propos du memorandum,
les négociations commencèrent entre toutes les puissances afin de
tâcher d'arriver à une entente. La France, sous le coup des mal-
heurs qui l'avaient si profondément atteinte peu d'années auparavant, n'entendait pas reprendre le rôle actif qu'elle avait joué en
1856. Mais elle était trop intéressée au maintien de la paix pour ne
pas mettre tous ses soins à concilier les divers points de vue de
l'Angleterre, de l'Autriche et de la Russie; ce fut à l'invitation
même de ces deux dernières puissances qu'elle s'employa énergiquement pour amener l'Angleterre à s'entendre avec elles. Pendant
le cours entier des négociations elle a rempli la même mission, ou
une mission analogue, suivant les circonstances; rien de plus, rien
de moins. Des publicistes que leur talent ont mis à la tête de la
presse française ont soutenu le contraire avec aussi peu de patriotisme que de clairvoyance, mais ils n'ont pu et ne pourront en fournir
la moindre preuve. Sans doute la France s'est préoccupée de la
condition malheureuse faite aux chrétiens sujets de la Turquie par
les exactions et l'inhabileté de la Porte. Comme signataire, et signa-

taire principale des traités de 1856, elle devait apporter une attention vigilante à l'exécution des réformes promises par la Porte, moyennant lesquelles la Turquie avait été admise dans le concert européen. Elle ne pouvait pas ne point voir que, soit faiblesse, soit mauvais vouloir, le gouvernement ottoman, loin de mettre les réformes à exécution, en ajournait l'application sérieuse et laissait s'aggraver de jour en jour le sort des populations chrétiennes. S'il ne pouvait convenir à la France, dans sa nouvelle situation, de prendre d'initiative il était naturel pour le moins qu'elle secondât les propositions faites par les autres puissances garantes pour mettre fin à des iniquités révoltantes; c'est ainsi qu'antérieurement à l'époque où la Russie eut pris le premier rôle dans les revendications, elle avait approuvé l'initiative de l'Autriche et s'y était associée. Il n'y avait aucun motif pour qu'elle n'agit pas de même lorsque la Russie se mettrait en avant à son tour et pour qu'elle ne se ralliât pas à ces nouvelles propositions, tout comme l'Autriche elle-même le fit. Et si l'Angleterre, n'apercevant dans cette question qu'une lutte d'influence entre elle et la Russie, refusa de s'associer au memorandum de Berlin, existait-il une raison quelconque pour que la France, puissance neutre, décidée à se tenir en dehors de toutes les compétitions, suivit plutôt l'Angleterre dans ses résistances exclusivement anglaises que la Russie soutenue par toutes les autres grandes puissances tant qu'elle resterait sur le terrain chrétien et humain? Son rôle, on ne saurait trop le répéter, était très-simple : en même temps qu'elle désirait une amélioration assurée dans le sort des chrétiens de la Turquie, elle devait éviter de consacrer son isolement sur le continent et employer tous ses efforts au maintien de la paix européenne; elle devait aussi redouter l'ouverture ou la continuation de conflits destinés vraisemblablement à faire surgir la question du partage de la Turquie; tel était son intérêt incontestable. Voilà pourquoi elle rechercha, défendit, appuya la conciliation entre toutes les puissances, dans un but commun, celui que j'ai déjà indiqué.

D'ailleurs, son désir de se rallier aux efforts des puissances chrétiennes n'excluait pas la prudence. Interrogeant en particulier la Russie et l'Autriche sur le but qu'elles poursuivaient, elle reçut à l'origine de ces événements la déclaration formelle qu'elles ne visaient qu'à une chose en Turquie : *le statu quo amélioré*, et ce fut dans ces termes mêmes que le prince Gortschakoff, devant les ambassadeurs réunis à Berlin pour entendre la lecture du memorandum, caractérisa les vues des trois Empires. Dans ces conditions, la résolution de rester neutre pour toute éventualité de conflits ne devait pas empêcher la France de s'unir à ce programme. Plus tard, il est vrai, le programme fut dépassé : à qui la resposabilité en revient-elle? Certes, ce n'est pas à la France; dans aucun temps elle n'avait encouragé la Russie à traiter la question d'Orient autrement que par les voies de la paix et dans les limites du traité de 1856, et lorsqu'elle vit que cette puissance se laissait entraîner à d'autres mesures, elle employa vis-à-vis d'elle, pour la presser de rester conciliante et pacifique, les mêmes efforts qu'elle avait déployés antérieurement à l'égard de l'Angleterre dans un but analogue. Si elle a échoué, elle n'a pas été la seule; elle a partagé cette mauvaise fortune avec toutes les autres puissances; et lorsque la guerre éclata, fidèle à son rôle, elle n'eut plus d'autre préoccupation que celle de l'empêcher de se généraliser, et elle s'engagea vis-à-vis d'elle-même à ne négliger aucune occasion d'appuyer tout projet de médiation entre les belligérants. Tout le monde en pourrait-il dire autant? Mais la guerre se prolongea, elle ne s'arrêta qu'après épuisement complet de la Turquie. Evidemment le programme primitif du *statu quo amélioré* ne pouvait plus suffire à une situation transformée : la France du moins ne fut aucunement responsable de ce changement.

Si le gouvernement français d'alors ne s'était pas renfermé aussi sévèrement dans le système de la neutralité, les événements n'auraient-ils pas pris une tournure différente? Peut-être! Mais si nous nous étions décidés aussi à prendre couleur entre les uns et les autres, est-on bien sûr que l'Allemagne n'attendait pas cette occasion pour se porter dans les rangs opposés? Or, étions-nous à cette époque en état de faire la guerre?

C'était donc tous nos intérêts qui nous commandaient la réserve. Plusieurs fois, à Ems, la Russie nous conseilla d'en sortir, mais nous nous refusions toujours à tout parti capable de nous entraîner hors des voies que nous suivions avec persévérance en vue d'opérer la conciliation entre les puissances; tous nos efforts agirent dans ce sens. Pareille tâche n'était pas sans mérite. Si l'on témoigna plus d'une fois des égards pour les avis de la France, d'autres fois aussi nous eûmes à subir des accès d'humeur de la part des uns et des autres, à souffrir même des ombrages de la Russie dont les impressions, on le verra plus tard, furent exploitées à notre détriment. Mais lorsque, vers le milieu du mois de juin 1876, l'Angleterre se décida enfin à faire des propositions à la Russie, tout le monde reconnut la part importante qu'avait eue la France dans ce résultat qui pouvait être décisif si on l'avait voulu fermement. A Paris et à Vienne, à Londres comme à Ems, des remerciements partis des bouches les plus augustes et les plus autorisées lui furent adressés. Le duc Decazes recueillit le fruit de ses efforts persévérants et désintéressés, et si nous sommes exactement renseigné, on l'aurait mis à même d'apprendre que nous avions bien mérité de l'Europe.

Cette attitude impartiale et intelligente que la France prit et garda avec tant de sagesse, lui était d'ailleurs recommandée hautement dans ce temps-là par certains journaux, organes accrédités de l'opinion, interprètes d'hommes d'Etat considérables. Ils n'avaient pas assez de voix pour enjoindre aux ministres d'observer la plus stricte neutralité, et ils déterminèrent dans le pays un mouvement fortement accentué dans ce sens. Ce sont ceux-là mêmes qui pèsent aujourd'hui avec tant de vigueur sur les ministres actuels, leurs amis et leurs clients, afin qu'ils abandonnent cette politique pour se ranger du côté de l'Angleterre. « Vérité en deçà, mensonge au delà ! » Ce qui est certain, c'est que le gouvernement français regarda comme l'intérêt essentiel du pays de conserver la neutralité qui n'était pas l'indifférence. Nous serions bien étonnés si les archives des affaires étrangères contenaient une seule dépêche qui contredit cette assertion. Et quand on déclare avec autant de morgue que de légèreté que c'est le ministère conservateur qui, par ses tendances vers la Russie, a compromis la situation de la France, on fait tout simplement montre d'ignorance et d'esprit de parti.

Voilà quel fut le rôle de la France. Si nous avons commencé par elle dans l'examen de l'attitude des puissances européennes, bien qu'elle se soit exclue elle-même des premiers rôles, c'est d'abord que notre pays tient, chose naturelle, la principale place dans nos préoccupations ; c'est ensuite qu'il était utile de déblayer le terrain de certaines accusations, ou si l'on veut de certains malentendus qui auraient pu obscurcir le cours de notre récit.

III

J'arrive à l'Angleterre, dont l'attitude a exercé tant d'influence sur les affaires qui nous occupent. Il serait injuste de prétendre que l'Angleterre n'avait aucune bonne raison de refuser son adhésion au memorandum de Berlin. Sans doute la Russie et l'Autriche par leurs traditions, et surtout par leur proximité de la Turquie, devaient se sentir plus atteintes que d'autres, par les événements qui troublaient l'Empire ottoman ; elles n'en restaient pas moins liées aux autres puissances garantes, et il ne leur était pas permis de s'isoler pour modifier un ordre de choses qui, bien ou mal réglé, l'avait été en définitive par toutes les puissances réunies, et lesquelles y avaient eu une plus grande part que la France et l'Angleterre ? De quel droit l'Autriche et la Russie avaient-elles déterminé seules les mesures à prendre en se contentant de les soumettre non pas même à la discussion, mais simplement à l'acceptation de l'Angleterre, de la France et de l'Italie ? C'était tout au moins un manque d'égards envers l'Europe, et à ce mauvais procédé les puissances du Nord en joignirent un autre qui était de nature à augmenter les préoccupations des puissances occidentales. La Russie et l'Autriche avaient jugé à propos de s'adjoindre dans leur œuvre une troisième puissance, de toutes la plus indifférente, de son propre aveu, à ce qui se passait en Orient, l'Allemagne. N'était-ce pas déclarer que la fameuse alliance des trois Empires, contractée à Berlin en 1872, suffisait pour régler les affaires litigieuses de toute l'Europe ? On demanderait ensuite l'assentiment des autres puissances qui sans doute l'accorderaient, l'Angleterre parce qu'elle s'isolait de plus en plus depuis une douzaine d'années, concentrant toute son activité dans les réformes de son administration intérieure et dans les intérêts de son commerce, la France et l'Italie parce qu'elles étaient trop faibles pour s'opposer aux volontés des trois Empires. Il y avait là de quoi blesser ces puissances. L'Angleterre, froissée dans son orgueil et assez forte pour le faire respecter, refusa nettement son adhésion au memorandum de Berlin, à la grande surprise de la Russie et de l'Autriche. Jusques-là, l'Angleterre était incontestablement dans son droit. Reste à savoir s'il était politique d'en user. Qu'eût-elle donc dû faire ? Représenter aux trois Empires que la question d'Orient ne pouvait être réglée sans elle au moins, et proposer dès lors dans ce but une entente commune, car elle-même ne niait pas que le mauvais état des provinces chrétiennes de la Turquie ne provoquât la sollicitude de l'Europe. Cette attitude était la seule raisonnable. Le cabinet anglais en adopta une toute opposé : il se résolut même d'une manière assez inattendue à envoyer la flotte britannique dans la baie de Besika. Il transporta par là les torts de son côté, ou plutôt il ajouta les siens à ceux des trois Empires. Dès lors, il fut permis de prévoir quels embarras soulèverait la solution d'une question qui débutait par une double faute. Pendant plusieurs semaines lord Beaconsfield refusa d'entrer à cet égard seulement en conversation avec le comte Schouwaloff, et sa mauvaise humeur se traduisit, dit-on, par quelques propos un peu vifs pour un premier ministre. Le prince Gorstchakoff et le comte Andrassy lui disaient : « Faites-nous connaître les reproches que vous adressez au memorandum : que désirez-vous mettre à sa place ? Quelle est votre opinion sur le mode de règlement de la question ? Le ministre des affaires étrangères en France, le duc Decazes, sollicité par la Russie et par l'Autriche, je l'ai déjà dit, tâcha non plus d'obtenir de l'Angleterre son adhésion refusée jusque-là, mais simplement de décider lord Beaconsfield à parler, à s'aboucher avec les représentants de ces puissances, à leur communiquer ses objections et ses vues. Ce fut à grand'peine qu'au bout de quelques semaines le cabinet de Saint-James consentit à sortir de son mutisme, et qu'il fit entrevoir comment il comprenait le règlement des difficultés qui avaient surgi et qu'aggravait chaque jour le développement de l'insurrection chrétienne. Sans paraître, quant au fond, très-éloignée de vues avec l'Autriche et la Russie, l'Angleterre différait avec elles sur la question de moyens et d'opportunité. Les négociations ne furent pas interrompues, mais comme la raideur de l'Angleterre continuait à faire douter de la possibilité d'une entente générale, l'Autriche et la Russie entamèrent entre elles des pourparlers pour ainsi dire parallèles auxquels se mêla l'Allemagne, toujours préoccupée du maintien de l'alliance des trois Empires et tenant essentiellement à s'adjoindre au tête à tête de ses deux alliées. Elles avisèrent donc ensemble aux moyens de surmonter les embarras que créait, soit d'une manière permanente, soit accidentellement, une aussi grosse affaire. L'entrevue de Reichstadt en Autriche eut une grande importance à cet égard. Il paraît qu'on y envisagea de nombreuses éventualités, entre autres l'occupation de certains points en Turquie, peut-être même qu'on y ouvrit des perspectives annexionnistes... Le bruit en courut, au moins à cette époque, aussi bien que de la restitution de la Bessarabie à la Russie.

Il n'entre pas dans notre plan de suivre chronologiquement et par le menu toutes les péripéties des négociations et de la guerre jusqu'à la paix de Berlin. Notre dessein est seulement de mentionner les principaux incidents qui exercèrent de l'influence sur les événements et de dégager les responsabilités diverses.

Les insurgés profitaient des divergences de l'Europe pour imprimer un développement de plus en plus considérable à leur action et pour créer de sérieux embarras à la Porte. Il leur importait d'entraîner dans leur cause tous les Slaves de là péninsule des Balkans. Ce n'était pas chose très-difficile, et la Serbie n'avait pas tardé à annoncer son intention d'entrer en campagne contre la Turquie. Ce n'est pas là ce qu'eût exigé une attitude correcte : n'étant pas menacée par la Turquie, la Serbie aurait dû se tenir tranquille. Mais ce petit État avait de l'ambition : il méditait depuis longtemps de s'affranchir des liens de vassalité qui l'attachaient à l'Empire ottoman, et l'occasion lui parut bonne. Toutes les puissances employèrent des efforts multipliés et sincères pour contenir la Serbie. L'intensité des efforts néanmoins n'était pas égale chez toutes. L'Angleterre se montrait plus froide que les autres. Lord Beaconsfield allait jusqu'à dire que l'on ne pouvait modérer les événements, qu'il fallait une *saignée*, et qu'ensuite on arrangerait plus aisément toutes choses. Un tel langage devait donner à réfléchir, et qui le sait ? La bombe qui éclata dans les coulisses du Congrès aux derniers jours de ses délibérations en est peut-être l'explication ! Il était fait tout au moins pour servir d'encouragement aux Serbes, qui en trou-

vèrent un autre plus puissant encore, et dont la portée fut incalcu-
lable, dans les secours en hommes et en argent que leur fournirent
les associations slaves de la Russie. Ils déclarèrent la guerre à la
Turquie. De toutes les complications survenues dans la question
d'Orient celles-ci fut l'une des plus graves. On sait ce qui arriva.
La Serbie fut écrasée par les troupes ottomanes, et sans l'intervention de l'Europe elle devait subir la loi du vainqueur. Les Russes
n'ont pas agi autrement avec la Pologne après les insurrections de
1831 et de 1863. Elle conserva cependant son autonomie, mais elle
s'engagea vis-à-vis de son suzerain à ne plus l'attaquer, promesse
qui ne la trouva pas plus fidèle qu'à ses autres engagements.

Lord Beaconsfield avait affirmé que, lorsque le conflit turco-serbe
serait terminé par la défaite de l'un ou l'autre des adversaires, les
plus grandes difficultés pour le règlement de la question disparaî-
traient. C'est précisément le contraire qui arriva, et franchement il
était aisé de le prévoir. Déjà l'insurrection s'était étendue en Bulgarie, de sorte qu'à l'exception des provinces habitées principalement par les Grecs, presque toute la Turquie était en feu. L'Angleterre, qui n'avait rien tenté de très-sérieux pour prévenir le conflit,
jugea que, tant qu'il durerait, le moment n'était pas venu de s'inter-
poser entre les belligérants, et elle repoussa les propositions que
d'autres puissances mettaient en avant pour obtenir la pacification
en même temps que pour assurer les réformes demandées à la Porte.

Vers le mois de septembre 1876, l'empereur Alexandre envoya
l'un de ses aides de camp généraux, le général Soumarokow, à
Vienne : il était porteur d'un plan d'occupation temporaire auquel
devaient prendre part toutes les grandes puissances : la Russie
occuperait la Bulgarie, l'Autriche, la Bosnie et l'Herzégovine, les
flottes de l'Angleterre, de la France et de l'Italie bloqueraient
Constantinople et les côtes : c'était un moyen de forcer la Porte à
satisfaire aux demandes de l'Europe. Ce projet, à moins que nous
ne nous fassions illusion, contenait, en germe du moins, une solution pacifique de la question. Que l'Europe se concertât pour effec-
tuer une occupation dans un but déterminé et pour un temps fixé
— à peu près comme elle l'avait fait en 1861 lors des troubles de
Syrie, — et la plupart des difficultés qui tenaient avant tout, il faut
le dire, à des défiances mutuelles, étaient aplanies. La Turquie ne
pouvait prolonger sa résistance en présence d'une pression exercée
sur elle par toutes les grandes puissances de l'Europe. En tout cas,
une fois le but de l'intervention atteint, toutes ces puissances liées
entre elles par un même engagement devaient nécessairement et
ensemble cesser l'occupation : il n'y avait plus de place pour des
actions isolées et pour des arrière-pensées ambitieuses. C'était, à nos

yeux, la plus efficace des garanties contre les plans attribués à la Russie. Par l'occupation collective, en outre, on ne la laissait pas manifester seule de l'intérêt pour les chrétiens et reprendre par là la situation que le traité de 1856 avait eu précisément pour but de détruire. Si on objectait que c'était une infraction au texte littéral du traité de Paris, on pouvait très-bien répondre qu'on en respectait du moins l'esprit et que la Porte s'en était la première affranchie en n'exécutant que les engagements contractés par elle en faveur des chrétiens. En tout cas, ce ne serait pas la première de ce genre.

Mais ces méfiances dont je viens de parler exerçaient presque de tous côtés un tel empire que la proposition de la Russie ne rencontra pas l'adhésion générale sur laquelle elle croyait pouvoir compter, car tout portait à croire que cette solution de la question d'Orient ne coûterait pas une goutte de sang. L'Angleterre déclara qu'elle ne voulait pas pour son compte en entendre parler, et elle persista si bien dans cette manière de voir qu'à la conférence de Constantinople elle déclara de nouveau à la Russie qu'elle s'opposerait à toute occupation.

C'est ainsi que peu à peu les intérêts particuliers se substituaient à l'intérêt chrétien et à l'intérêt général.

Cependant lorsque les Serbes eurent été complétement vaincus et pendant que la lutte continuait avec acharnement au Monténégro et en Bulgarie, il sembla que l'Angleterre commençait enfin à comprendre les périls imminents que devaient produire pour toute l'Europe la prolongation de la guerre dans la Péninsule et la diversité des vues des puissances pour l'arrêter. Intérêts de patrie, de religion, dignité personnelle, influences, sécurité, amours propres même, en un mot tout ce qui compose l'existence des Etats aussi bien que celle des individus, tout cela était soit profondément excité, soit gravement compromis depuis que le conflit avait surgi ; et au point où en étaient venues les choses, on pouvait prédire à coup sûr qu'il en sortirait la guerre générale. L'Angleterre alors se décida à sortir de sa réserve elle demanda aux grandes puissances de s'unir à elle pour proposer à la Porte un armistice et une conférence destinés dans sa pensée à amener la paix. Nous ne nous étendrons pas sur les nouvelles négociations auxquelles donnèrent lieu ces propositions et qui témoignèrent une fois de plus des hésitations et même des contradictions de la politique anglaise. Bref l'armistice fut conclu et la réunion d'une conférence décidée. Nous ignorons si tous les membres du ministère britannique étaient imbus au même degré des périls et des nécessités que nous venons de signaler : il est certain du moins que le marquis de Salisbury en était pénétré et que, désigné par ses collègues pour prendre part à la conférence de Constantinople, tous les cabinets connaissant sa probité, l'élévation de son caractère, la distinction de ses sentiments en même temps que ses talents, se réjouirent à la pensée qu'avec un tel homme il y avait grande chance de trouver un terrain commun d'entente. L'Europe ne se trompait pas sur ce point : l'accord se fit à Constantinople entre les plénipotentiaires, grâce à des concessions importantes de part et d'autre, et il est de la plus élémentaire justice de reconnaître que la Russie ne fut pas au dernier rang dans cette émulation de bons vouloirs. Mais ce que peu de personnes avaient prévu arriva ; l'inqualifiable aveuglement de la Porte rendit inutile un accord difficilement obtenu. Elle repoussa toutes les demandes essentielles de la conférence, quoique celle-ci eut baissé par deux fois le minimun de ses exigences. Il est impossible que la Porte ait tenu une conduite aussi téméraire si elle n'avait compté sur les divergences des puissances entre elles, et particulièrement si elle avait cru à la sincérité des résolutions de l'Angleterre telles qu'elles lui étaient affirmées par le marquis de Salisbury. Elle dut compter sur un appui qui lui viendrait de Londres à la dernière heure. Avait elle quelque raison pour justifier ses espérances ? L'histoire secrète de la diplomatie pourrait probablement donner une réponse à cette question : mais il est trop tôt encore pour l'obtenir.

La Conférence avait échoué. L'Europe retira ses ambassadeurs de Constantinople en signe de mécontentement. L'ère des négociations était terminée ; on entrait dans une nouvelle phase. Etait-ce l'action qui se substituerait aux tentatives infructueuses d'entente avec la Porte? La Russie y était manifestement disposée, mais elle rencontrait la répugnance de presque toute l'Europe à la suivre dans cette voie. L'Angleterre voulait préserver la paix générale, mais la Russie, croyant sa dignité intéressée à obtenir par la force ce qu'on n'avait pu gagner par la conciliation, s'abandonna malheureusement à ses impatiences. Nous ne parlerons que pour mémoire de cet essai d'entente peu compréhensible jusqu'à présent, qui eut lieu à Londres entre lord Derby et le comte Schouwalof, ambassadeur de Russie. Il en sortit un protocole informe auquel adhérèrent, sans y avoir confiance, les autres puissances et que l'on dut bien vite considérer comme mort-né, la Turquie ayant refusé, comme on devait s'y attendre, d'y donner son assentiment. L'Angleterre voyait les embarras de la Russie qui s'était trop avancée pour reculer, à moins qu'on ne lui ménageât dans l'intérêt de la paix générale une sorte de triomphe moral. Lord Beaconsfield parlait à cette époque de lui faire « un pont d'or ». Le pont d'or ne fut jamais jeté : on devait prévoir dès lors ce qui arriverait.

Le 24 avril 1877, la Russie, qui avait depuis plusieurs mois déjà mobilisé un grand nombre de troupes, déclara la guerre à la Tur-

quie, et dès la nuit suivante elle traversait le Pruth. La Porte, ouvrant
enfin les yeux, voulut traiter. La Russie, l'Autriche et l'Allemagne
c'est-à-dire l'union des trois Empires, déclarèrent qu'il était trop
tard. Il n'y avait plus rien à faire de la part de l'Europe, rien qu'à
attendre l'occasion favorable d'offrir sa médiation.

Dans cette nouvelle et terrible phase, nous sommes bien obligé
de signaler d'autres fautes de la part de l'Angleterre. Dans deux ou
trois circonstances elle pouvait offrir, imposer même sa médiation.
Elle ne le fit pas. Au mois de juin 1877, la Russie lui fit connaître
loyalement les conditions qu'elle réclamerait à la paix. Que répondit
l'Angleterre? Rien. N'était-ce pas, au reste, la conséquence logique
de la fausse position où elle s'était mise? Le comte Schouwaloff avait
fort habilement profité d'un discours de lord Derby qui exposait au
Parlement les motifs des alarmes de l'Angleterre au point de vue
particulier de ses intérêts contre la guerre faite par la Russie. Il
alla le voir et le pria de consigner par écrit ses objections, se char-
geant de les communiquer à Pétersbourg. Lord Derby accepta la
proposition, et il établit une nomenclature officielle des conditions
auxquelles l'Angleterre s'engageait à ne pas troubler les opérations
de guerre de la Russie. Celle-ci y souscrivit et la neutralité de
l'Angleterre fut acquise.

Ce fut une grande faute de la part de cette puissance. Elle dé-
serta décidément le terrain des intérêts généraux pour se renfermer
dans ceux qui lui étaient propres. L'Angleterre avait dénié à juste
titre à la Russie le droit de se dire mandataire de l'Europe dans la
revendication armée des réformes favorables aux chrétiens. Le jour
où elle souscrivit sa neutralité en échange de satisfactions qui ne
couvraient que ses intérêts propres, elle renonça au rôle qui lui
était assigné; elle ne fut plus que la gardienne des intérêts anglais,
tout comme la Russie l'était seulement des intérêts russes. Tant
que les siens n'étaient pas menacés, elle n'avait dès lors plus de
motifs pour intervenir et arrêter les torrents de sang qui coulèrent
pendant tant de mois. Elle ne fut pas la dernière à sentir, quoique
bien tard, l'impuissance à laquelle elle s'était condamnée.

La Russie se garda bien de négliger les avantages de la situation
dont s'était contentée sa rivale. Elle pouvait d'ailleurs compter sur
l'Allemagne pour contenir l'Autriche. Elle n'avait donc ni rivaux,
ni adversaires à redouter : plus rien ne pouvait modérer ses entraî-
nements, et ce fut presque aussi malheureux pour elle que pour la
Turquie, de sorte que la faute commise par l'Angleterre ne profita
à personne.

La Russie en effet se laissa gagner et par l'enivrement du succès
et par la gloire de triompher dans une cause où les sentiments les

plus respectables et les plus capables d'exalter un peuple, la foi et la nationalité, provoquent presque toujours des illusions. Elle ne se contenta pas de la prise d'Andrinople, et son armée, avec l'ardeur des anciens croisés, vint camper sous les murs de Constantinople même. L'Europe alors s'émut profondément, et bientôt après le traité de San-Stefano mit le comble à ses alarmes.

On n'oubliera pas de longtemps l'effet que produisit dans l'Europe tout entière la vue de la carte sur laquelle était écrit en caractères matériels le traité de San-Stefano.

En Russie même beaucoup de sages esprits comprirent la faute que venait de commettre leur gouvernement. Les amis qu'elle comptait hors des limites de son empire devinrent impuissants à le défendre. « Est-ce là, s'écriait-on, le résultat des promesses de la Russie et de la parole de son Empereur ? On avait déclaré très-haut très-officiellement, à la face du monde, que la Russie ne voulait pas retirer de cette guerre d'avantages pour elle-même, qu'elle ne recherchait qu'un triomphe moral, qu'elle ne rêvait que l'affranchissement des chrétiens ! Et la voilà qui constitue sous son contrôle direct une Bulgarie indépendante, comprenant les plus riches parties de la Turquie, confinant d'une part à la mer Noire, de l'autre à la mer Egée, qui morcèle ce qu'elle laisse à la Turquie et ne permet plus à sa capitale de communiquer autrement que par mer avec ses provinces éloignées, préparant par là dans un délai rapproché l'indépendance de celles-ci ! La voilà qui ruine l'Empire ottoman en lui imposant une contribution hors de proportion avec ses ressources, qui détruit le gage de ses créanciers, et sous prétexte de soulager ses finances, le force à lui céder de vastes territoires, s'attribuant la Dobrudja, Kars, Batoum, Bayazid et rendant l'Arménie impuissante à se protéger contre de nouvelles et inévitables attaques du vainqueur ! Qu'on vienne ensuite vanter son désintéressement, son respect des intentions de l'Europe, sa reconnaissance pour les neutralités obtenues ! Et quelle bonne foi enfin y a-t-il à rêver l'affranchissement des chrétiens en Turquie lorsqu'elle persécute les catholiques de son propre empire !... »

Ces reproches étaient graves et s'ils étaient fort exagérés à de certains égards, on ne peut nier que la Russie n'y ait prêté le flanc. Dans tous les cas, le traité de San-Stefano était une faute capitale qui fournissait à l'Angleterre l'occasion perdue de reprendre une attitude plus ou moins justifiée de défenseur des intérêts européens. Le soulèvement de l'opinion publique dans ce pays imposa silence à l'opposition. L'habileté de lord Beasconfield se réveilla. Sans perdre de temps, il changea de tactique : à la politique des intérêts britanniques, il substitua la politique des intérêts et des droits de l'Europe, dont la Grande-Bretagne prenait la garde. Il demanda au Parlement et en obtint des subsides, il arma les flottes de l'Angleterre et mobilisa ses troupes de terre, il se sépara de lord Derby, esprit honnête, mais timide et indécis, et il le remplaça par un homme dont la modération s'était manifestée à la Conférence de Constantinople, mais dont on connaissait aussi la résolution et l'énergie dans les occasions nécessaires. Lord Salisbury inaugura ses nouvelles fonctions au *Foreign-Office* par la circulaire datée du 1er avril qui exposa en termes fort nets, les périls que le traité russe faisait courir, non plus seulement aux intérêts de l'Angleterre, mais à ceux de l'Europe, et sa ferme résolution de s'opposer à son exécution. L'Autriche, encouragée par la nouvelle attitude du cabinet britannique, releva la tête à son tour et montra une vivacité inusitée dans ses revendications; enfin dans presque toute l'Europe le sentiment public se tourna du côté de l'Angleterre et de l'Autriche.

Les rôles étaient encore une fois changés, et le Royaume-Uni se relevait grâce à la faute de la Russie. A ce moment l'Angleterre, s'appuyant sur l'opinion publique fortement surexcitée et sentant sa supériorité incontestée sur la Russie au point de vue des forces navales comme à celui des finances, réclama pour l'Europe le droit de réviser le traité de San-Stefano et même le droit de le modifier profondément dans toutes ses parties. La Russie ne se refusait pas à communiquer aux puissances son traité, auquel elle s'était contentée de donner le titre de préliminaires; elle le leur avait même transmis; elle s'y était engagée, mais elle n'entendait pas le soumettre au Congrès, à qui elle déniait le droit d'en réviser tous les articles, ceux au moins qui ne concernaient qu'elle et la Turquie, l'indemnité par exemple. Il est incontestable que s'il y avait quelque subtilité dans ces distinctions, le droit strict était de son côté à certains égards. Ce qui n'était pas moins douteux, c'est que l'Europe lui ayant laissé faire la guerre, c'est que l'Angleterre en particulier lui en ayant reconnu le droit le jour où elle avait stipulé les conditions de sa neutralité, la Russie était parfaitement fondée à réclamer du vaincu le solde de sa défaite et à exiger des compensations au sang et à l'argent qu'elle avait dépensés. Tout cela était peut-être fondé en droit, mais ce droit était si compromis par des imprudences, qu'elle ne pouvait guère avoir d'espoir raisonnable de le faire triompher. L'empereur Alexandre eut le courage d'imposer silence aux froissements de son amour-propre, de ne pas se laisser entraîner aux exagérations d'une opinion publique surexcitée, et de considérer de sang-froid les conséquences d'une nouvelle guerre pour son Empire aussi riche en bons soldats que pauvre en argent. Il témoigna une fois de plus sa sagesse, sa modération et ses sen-

timents pacifiques et se montra disposé à faire des concessions.
Toutes les difficultés n'étaient pas levées pour cela. Mais l'Allemagne s'y employa énergiquement et sincèrement. Peut-être était-
elle inquiète elle-même des pourparlers qui avaient eu lieu entre
l'Angleterre d'une part, l'Autriche et la France de l'autre. Ce qu'elle
redoutait avant tout, je l'ai déjà dit, c'était la rupture de l'alliance
des trois Empires. Le prince de Bismarck usa donc de toute son
habileté et de tout son ascendant moral sur les deux principaux
rivaux, et grâce aux soins que se donnèrent à Londres le prince
impérial et la princesse impériale d'Allemagne, l'entente devint
possible. Enfin un dernier arrangement intervenu à Londres entre
lord Salisbury et le comte Schouwaloff rendit possible la réunion
du Congrès. Or, la réunion du Congrès, c'était la paix. Il était bien
clair, en effet, qu'après tant de pourparlers, il ne s'assemblerait que
si les principaux intéressés dans la question d'Orient s'étaient préalablement mis d'accord. Il fut décidé enfin que le Congrès se réuni-
rait le 13 juin, à Berlin. Sur ce point heureusement les efforts de
l'Angleterre avaient triomphé.

IV

Nous avons essayé de décrire avec toute l'impartialité possible,
l'attitude de l'Angleterre dans la question d'Orient. Personne n'ad-
mire plus que nous ce grand pays, personne ne lui envie plus sincèrement ses institutions, qui ont résolu avec autant de perfection
que les choses humaines peuvent en comporter le problème du fonc-
tionnement régulier et simultané de l'autorité et de la liberté ; personne enfin n'est plus disposé à rendre justice à cet esprit politique
et pratique qui n'a d'égal dans aucune autre nation. Mais l'admiration
n'est pas de l'aveuglement. A côté de grandes qualités, l'Angleterre
a de grands défauts, et dans la question qui nous occupe, nous
aurions manqué à la vérité si nous avions dissimulé les torts qu'elle
a eus à nos yeux. Ses fautes ont beaucoup contribué à envenimer
la querelle, et sinon précisément à faire éclater la guerre, du moins
à la prolonger. Elle les a réparées en profitant habilement d'une occasion pour associer la cause de l'Europe à la sienne, et pour reprendre
l'une et l'autre en main, mais il est incontestable qu'il lui était facile
de faire durant les deux années antérieures, ce qu'elle a fait au mois
d'avril 1878, et de retirer, sans effusion de sang, la gloire presque
tout entière de la pacification de l'Orient, comme de l'amélioration
du sort des chrétiens. Elle s'est aperçue un jour de ses erreurs, et
grâce à sa puissance, elle a fait expier à la Russie et les torts de
cet Empire et les siens propres. L'histoire n'enregistre pas seulement des faits ; grâce à Dieu, planant au dessus des hommes et des

temps, elle tire de l'enchaînement des événements une moralité qui éclaire la conscience humaine et l'oblige à reconnaître que la force seule ne suffit pas pour légitimer tous les triomphes.

La Russie de son côté ne fut pas exempte de fautes. C'est une grande qualité pour une nation que d'avoir une politique ferme et d'en suivre le développement à travers les vicissitudes du temps et de la fortune : elle n'en doit pas moins pour cela regarder de près à tous les moyens propres à faire triompher cette politique. Assurément, c'est un noble but que de poursuivre l'affranchissement des chrétiens, mais le but serait plus noble encore si l'ambition personnelle ne trouvait pas en même temps son compte dans le succès de l'idée à laquelle on s'est consacré. Les adversaires de la Russie sont fondés à lui observer que dans les guerres nombreuses faites à la Turquie depuis plus d'un siècle, à chaque guerre l'Empire russe a été agrandi. Comment cette puissance s'étonnerait-elle que l'Europe ait douté de son désintéressement ? Ce sont ces méfiances plus ou moins fondées, on ne peut le nier, qui ont rendu cette dernière phase de la question d'Orient si sanglante et si difficile à résoudre ; encore est-il bien des raisons de croire qu'elle n'est pas résolue ! Le peuple russe n'a voulu voir au début des revendications de l'Europe vis-à-vis de la Turquie que la cause des Slaves, ses frères en religion comme en nationalité ; au bout d'un certain temps seulement le gouvernement russe, mieux inspiré, substitua à l'appellation slave celle de chrétienne. Mais on est forcé de dire qu'il a témoigné d'une certaine faiblesse en se laissant intimider par les manifestations slaves à Moscou, en fermant les yeux, au moment où la guerre de Serbie apparaissait à l'horizon, au concours de toute nature apporté par les Slaves russes à ceux de Belgrade, et principalement à l'introduction clandestine de bon nombre de soldats et d'officiers de son armée en Serbie pour grossir et renforcer les rangs de l'insurrection. Il n'était pas douteux, en effet, que les triomphes ou les défaites de l'armée serbe devenaient dès lors les défaites ou les triomphes des Russes. Il est difficile en outre de contester que les paroles prononcées par l'empereur Alexandre à Moscou au mois de novembre 1876 n'aient pas servi d'encouragement à une levée de boucliers plus générale encore. Finalement la guerre déclarée à la Turquie, bien que l'aveuglement de celle-ci et son refus de faire droit aux justes réclamations de l'Europe n'en aient été qu'un trop puissant prétexte, cette guerre était-elle suffisamment justifiée au point de vue des traités, peut-être aux yeux mêmes de la justice ? Il faut bien reconnaître pourtant que les souffrances des chrétiens en Turquie, l'oppression brutale et souvent sanglante qui les accablaient devaient surexciter les ardeurs chrétiennes de toute l'Europe et tout particulièrement d'une nation à laquelle ils étaient plus liés qu'à toute autre par la race et par la foi. De toutes les tentatives pacifiques employées pour amener de la part de la Turquie la cessation de cet odieux régime, aucune n'avait réussi ; le temps n'était-il pas venu de faire appel à d'autres plus énergiques et plus efficaces, et n'était-il pas certain que si l'Europe s'unissait sincèrement elle ferait fléchir la Turquie? Qui donc peut s'étonner que la Russie ait mis son énergie et sa puissance à obtenir ce succès? Nous ne lui reprochons pas pour notre part le prix qu'elle y attachait, mais nous croyons que la Russie a commis une faute en recourant à la guerre, qui interrompait d'ailleurs le développement de sa prospérité intérieure si remarquable depuis vingt années, et que l'état de ses finances ne lui permettait pas de soutenir longtemps. Malgré tout ce qu'on a pu dire nous ne méconnaîtrons pas que, dans toute la période très-longue des négociations, la Russie a cherché sincèrement la conciliation, et le maintien de l'entente entre les puissances chrétiennes, qu'elle a manifesté le désir de ne pas sortir de « l'alignement européen », et à la conférence de Constantinople elle en a donné des preuves qui ont frappé tous les plénipotentiaires. Après l'insuccès de la conférence même, le prince Gortschakoff écrivait une circulaire dans laquelle il demandait à l'Europe de rester unie et de rechercher de concert un nouveau moyen de réussir dans le but qu'elle se proposait. Survint ensuite la mission du général Ignatiew auprès de tous les cabinets, mission dont on peut dire pour le moins qu'elle fut inutile. Le protocole de Londres qui en fut le résultat échoua, et il n'eut d'autre conséquence en réalité que de précipiter les événements. A partir de ce jour la Russie n'y tint plus, et elle considéra son honneur comme attaché à la déclaration de la guerre contre la Turquie.

Il est malaisé de s'expliquer comment elle ne comprit pas que la paix serait bien plus difficile que la victoire. Les traités de 1856, malgré quelques mutilations, étaient pour l'Europe la charte de la Turquie. Toutes les puissances avaient des intérêts en Orient, les uns directs, précis, les autres indirects, mais très-puissants aussi, parce que l'ordre ou le désordre, la paix ou la guerre en Orient ont leur contre-coup fatal en Europe. Nous croyons savoir que notre gouvernement n'a pas failli à ce moment au devoir qui lui incombait d'appeler sur ces graves considérations toute l'attention du cabinet russe. Lorsque son intention de faire la guerre devint évidente, les protestations des uns, les réserves des autres venaient l'avertir qu'à la paix, tous les comptes seraient bien difficiles, bien délicats à régler, si délicats, si difficiles qu'ils engendreraient vraisemblablement de nouvelles guerres. On voit d'avance les conséquences que cette première faute devait amener. La discipline, le dévouement, l'héroïsme des troupes russes, triomphèrent à la longue de tous les obstacles, mais, ainsi

qu'il devait arriver, plus les obstacles avaient été considérables, plus
l'enthousiasme des vainqueurs augmentait, plus leurs prétentions
devaient grandir. Rien n'était plus naturel ; c'est le contraire qui eût
été étonnant. Aussi la force même des choses amena-t-elle bientôt les
premières complications C'est ainsi que l'empereur Alexandre s'op-
posa d'abord avec fermeté à la marche sur Constantinople au grand
déplaisir de son armée et des exaltés de son empire. Les négociations
de la paix commencèrent : mais elles traînaient en longueur ; soit pour
cette cause, soit pour une autre plus ou moins plausible, malheureusement et en opposition avec les préliminaires de paix, des détachements
russes s'avancèrent au-delà d'Andrinople. L'Angleterre se croyant
trompée ou craignant de l'être si elle tardait à prendre quelque
mesure capable de produire une impression profonde, fit traverser
à sa flotte les Dardanelles, sans même attendre le consentement de
la Porte, et elle vint s'embosser à quelques milles de Constantinople.
Les Russes piqués au jeu firent marcher en avant toute leur armée,
qui s'approcha presque autant de la capitale de l'Empire ottoman
du côté de la terre que la flotte anglaise l'avait fait par mer. La situation devenait critique, et pendant de longues semaines on peut dire
que la paix du monde fût à la merci de la plus légère querelle entre
quelques soldats russes et quelques matelots anglais se rencontrant
dans un cabaret quelconque. S'il y avait eu susceptibilité exagérée
de la part de l'Angleterre. il y avait eu grande imprudence du côté
de la Russie ; mais cette imprudence fut peu de chose auprès de
celle que révéla bientôt après le traité de San-Stefano. Là fut sa faute
capitale. A Pétersbourg on salua la signature du traité de cent coups
de canon : c'est plutôt le canon d'alarme qu'on eût dû tirer ! La
Russie devait apprendre, mais un peu tard, qu'il n'est pas si bons
amis qui ne vous faussent compagnie. Semblant oublier tout, traités,
protestations, réserves, en un mot ayant l'air d'ignorer l'existence
de l'Europe, ses plénipotentiaires, livrés à eux-mêmes, découpèrent,
taillèrent à leur fantaisie la malheureuse Turquie, donnant à l'un,
retirant à l'autre, exigeant une indemnité prodigieuse, mais *consentant* à en transformer la plus grande partie en cession de territoires
en Europe et en Asie. L'Angleterre, on l'a vu, se récria et l'Autriche
davantage encore, car elle soutint que l'on n'avait tenu compte dans
le traité ni de ses droits, ni des engagements pris, ni des réclamations qu'elle avait faites aussitôt les préliminaires connus. Je l'ai dit
plus haut : la seule vue sur la carte des résultats du traité de San-
Stefano en montra toute l'excentricité. Pour tout observateur impar-
tial, il devenait évident que la Russie aurait une partie de l'Europe
sur les bras, ou qu'elle devrait revenir considérablement en arrière
du traité de San-Stefano. C'est dire qu'elle s'était placée entre une

faiblesse et une folie. Nous avons vu que l'Empereur, par sa sagesse et sa modération accoutumée, avait évité la folie, et s'il se laissa soupçonner de faiblesse, c'est qu'il savait bien que cette faiblesse ne l'entraînerait jamais au-delà des bornes de ce qu'il devait raisonnablement à son peuple, à son armée, à lui-même. Il n'en eût pas moins été bien préférable de ne pas s'être placé dans une alternative aussi délicate. J'ai retracé plus haut la dernière phase qui s'écoula entre le traité de San-Stefano et la réunion du Congrès de Berlin, il est donc inutile d'y revenir.

V

J'ai parlé longuement de l'Angleterre et de la Bosnie ; c'est que les événements ont mis ces deux rivaux en première ligne. Les intérêts de l'Autriche n'étaient certainement pas inférieurs en importance à ceux des deux autres puissances, mais après les premières négociations d'Ems, les pourparlers entre l'Autriche et la Russie ont pris un caractère presque confidentiel : l'Allemagne seule était au courant de ce qui se passait entre elles. Nous avons donc peu de choses à dire en particulier sur l'Autriche-Hongrie. Elle jugea à propos de n'entrer en lice ni avec la Turquie ni avec la Russie. Était-ce habileté, était-ce nécessité? La composition variée de cet Empire, comptant dans son sein bien des nationalités diverses, ne lui créait-elle pas un rôle bien difficile ? L'Allemagne qui avait promis à la Russie de ne pas se mêler de la guerre, pesa-t-elle sur l'Autriche pour qu'elle fit de même, tout en lui promettant de ne pas l'abandonner au règlement de la paix ? Cette double supposition est vraisemblable. Il est certain que l'Autriche eût pu nuire beaucoup à la Russie si elle avait garni ses frontières d'une centaine de milliers de soldats. Elle s'en est abstenue, elle n'a gêné aucune des opérations militaires de la Russie, et elle a compté pour prix de sa modération, qui d'ailleurs n'était pas exempte de grands dangers pour elle-même, en toucher un jour la récompense. C'est ce que n'a jamais cessé de faire entendre le comte Andrassy, dans ses entretiens avec les diplomates accrédités à Vienne. « Je ne veux pas intervenir dans la guerre entre la Russie et la Turquie, disait-il, je me réserve pour la conclusion de la paix, » et il ajoutait invariablement : « Je suis assuré des satisfactions que doit y obtenir l'Autriche-Hongrie, mais je n'en dirai pas davantage. » Il tenait à peu de choses près le même langage devant les délégations autrichienne et hongroise. Sa situation était fort délicate vis-à-vis des Parlements des deux parties de l'Empire, dont les intérêts et les aspirations étaient en opposition. Il leur demandait de se fier à lui, leur faisait de loin en loin quelque confidence sur laquelle le secret était exactement gardé ; il obtint parfois, quoique avec peine, le vote de confiance qu'il sollicitait et il eut le bonheur d'arriver ainsi d'expédients en expédients jusqu'à la fin de la guerre.

VI

Il est temps de nous rendre compte de l'attitude de l'Allemagne durant cette longue période. Le nouvel et puissant empire n'a guère fait parler de lui que par son affectation à soutenir, par la bouche de ses hommes d'Etat, que la question d'Orient ne le touchait aucunement. Le prince de Bismarck voulait tenir l'Allemagne en dehors ou au-dessus de toute complication, et il comptait assez sur son habileté pour ne laisser oublier par personne la grande situation qu'elle avait acquise récemment en Europe. Avait-il arrêté d'avance un plan pour atteindre sûrement ce double but? Avait-il fixé des limites à sa neutralité? En tout cas, sa haute perspicacité lui avait sans doute fait entrevoir déjà le rôle de « courtier honnête » qu'il ne serait pas fâché de remplir. Sans doute aussi désirait-il dès lors le maintien de la paix européenne ; je ne crois pas tout au moins qu'il soit juste d'affirmer le contraire. Mais il serait bien hardi de soutenir qu'il s'intéressait au même degré à dissiper les complications entre les grandes puissances de l'Europe et à leur interdire de s'affaiblir elles-mêmes. Au reste, il est naturel que dans l'intérêt de la paix générale il ait cherché à neutraliser les ambitions des unes par l'hostilité des autres et dans l'intérêt de la grandeur de l'Allemagne qu'il se soit servi de toutes pour affermir et confirmer la prépondérance ne son pays. A l'origine de la question il trouvait la Russie trop pressée : il ne lui déplaisait pas que l'attitude de l'Angleterre vint apaiser les ardeurs russes, et soucieux de l'existence de l'Autriche, il aurait vu probablement d'un bon œil un certain accord s'établir entre l'Angleterre et l'Autriche, non pas assurément un accord de nature à mettre la Russie et l'Autriche en état d'hostilité flagrante, par conséquent à dissoudre les liens de la triple alliance, mais une entente de telle sorte que la Russie dut renoncer à des plans trop étendus. Il était donc à cette époque plus en conformité de vues avec l'Angleterre et l'Autriche qu'avec la Russie, plus disposé à soutenir les premières que la seconde, sans parti pris d'ailleurs, et résolu comme nous l'avons déjà indiqué à se rallier en définitive à tout ce qui rentrerait le mieux dans ses conceptions sur la politique allemande. En admettant que ses premières dispositions fussent celles que j'ai dites, elles ne tardèrent pas à se modifier. Vraisemblablement les causes de ce changement furent, d'une part, la prolongation des incertitudes de la politique de Londres, de l'autre, l'occasion toujours cherchée, enfin trouvée d'éloi-

gner la Russie de la France et d'ajourner la possibilité d'une alliance
entre les deux pays, ce dernier point étant un de ceux qui lui tenaient le plus au cœur.

Dans le cours des premières négociations dont Ems fut le centre,
il vit le mécontentement de la Russie qui ne parvenait pas à faire sortir la France de la seule voie qu'elle fut décidée à suivre, non pas que
celle-ci fut ingrate pour l'utile intervention de l'empereur Alexandre
en sa faveur en 1875, mais parce qu'elle croyait servir en cela tous
les intérêts de l'Europe, aussi bien ceux de la Russie que les siens
propres. Comprenant les embarras de la Russie en opposition avec
l'Angleterre, peu sûre de l'Autriche, en susceptibilité vis-à-vis de la
France, le prince de Bismarck fit des avances à Saint-Pétersbourg et
probablement il ne tarda pas à prendre des engagements que le
sentiment personnel de l'empereur Guillaume avait dès longtemps
devancés. C'était d'ailleurs l'acquittement d'un service rendu en
1870 par la Russie. Peut-être était-ce aussi une heureuse chance
que sa fortune lui réservait : il favorisait les vues de la Russie et il
acquérait en même temps la certitude que l'épuisement des forces
de cet empire lui ôterait pour un long avenir des velléités d'intervention généreuse dans ses propres querelles, comme à Berlin en
1875 !! Est-ce à dire cependant qu'il se fût engagé à livrer tout à
la Russie? Nous ne le croyons pas : le prince de Bismarck n'aban-
donnait pas l'Autriche et il n'était pas disposé à la sacrifier à l'ambition du grand Empire slave. La Russie s'y est trompée. Il est vrai
qu'il n'est pas facile de lire dans le jeu de l'habile chancelier quand
il ne le veut pas, et il ne le voulait pas. Plus d'une fois, en effet,
dans le cours des événements, l'Autriche et la Russie ne disssimulè-
rent pas leurs inquiétudes sur les intentions de l'Allemagne à l'égard
de l'une et de l'autre. Parce que l'Allemagne avait promis à la Russie
une neutralité bienveillante dans la guerre, celle-ci crut, dans les
illusions de sa reconnaissance, que sa puissante alliée lui abandon-
nerait complétement le règlement de la paix, comme elle l'avait
laissée mener la guerre à sa guise. Telles n'étaient pas les intentions
du prince de Bismarck. Il ne lui convenait pas, par égard pour la
Russie, de renoncer à la politique qu'il avait inaugurée pour son
propre pays. Quelle était au juste cette politique? Si nous croyons
que les habiles ministres qui dirigent les affaires intérieures de la
Russie et de l'Autriche ont perdu quelquefois leur peine en essayant
de lire dans le jeu de leur collègue et allié, le prince de Bismarck,

---

¹ Une récente publication, en réveillant ces souvenirs, donnerait à croire
que le prince de Bismarck en aurait conservé une assez vive rancune contre
le prince Gortschakoff. Nous nous réservons un jour de traiter à notre tour
ce sujet et d'essayer de rétablir la vérité à l'encontre des erreurs fondamentales
contenues dans le récit du *Times* relativement à l'incident de l'année 1875.

nous pourrions être à bon droit taxé d'infatuation en émettant une prétention semblable, n'ayant pas le même droit qu'eux à ses confidences. Non, nous ne prétendons pas pénétrer les secrets du chancelier de l'Empire allemand, nous nous contentons d'observer les faits passés et en les rapprochant du présent d'en tirer certaines conséquences que nous soumettons aux appréciations du public. C'est un fait patent, qu'en battant l'Autriche à Sadowa, en créant d'abord la Confédération du Nord, puis en y faisant entrer après la guerre de France les Etats du Sud, le prince de Bismarck a enlevé à l'Autriche toute action en Allemagne. Est-il téméraire d'affirmer ensuite qu'il reste intéressé à l'existence de l'Autriche, et ne doit-on pas supposer qu'il en veut faire un contre-poids puissant aux expansions exagérées de la Russie vers les pays d'origine slave? Mais en excluant l'Autriche du terrain allemand, où donc lui permettrait-il d'exercer son activité et d'établir la sphère de son influence, si ce n'est du côté de l'Empire ottoman? Si nos observations sont fondées, si nos suppositions sont exactes, comment donc le prince de Bismarck aurait-il pu tolérer que la Russie absorbat à son profit la totalité de l'élément slave, de telle sorte qu'entre la pression de l'Allemagne à l'ouest, et celle de la Russie à l'est et au sud, l'Autriche-Hongrie eût fini par disparaître dans cet étouffement irrésistible ou fût condamnée à réagir contre la Prusse en Allemagne? Nous conclurons que la Russie s'est trompée, si elle a cru à des éventualités de ce genre et que le cabinet de Berlin, en s'engageant vis-à-vis de la Russie à une neutralité bienveillante pendant la guerre, a promis en même temps à l'Autriche de ne pas laisser conclure une paix qui atteindrait ses intérêts essentiels. Brider l'Autriche et la rassurer, encourager la Russie et plus tard la contenir, enfin empêcher l'alliance des trois Empires de se dissoudre, c'était là un rôle difficile. Mais l'esprit éminent du prince de Bismarck n'était pas au dessous de ce rôle. On raconte qu'un jour le prince, en causant avec un diplomate étranger, lui aurait confié ses espérances pour la localisation de la guerre, mais il ajoutait que pour obtenir une paix durable, il fallait trancher dans le vif, et donner aux dépens de la Turquie des satisfactions matérielles à la Russie et des compensations à l'Autriche, à l'Angleterre, même à la France. Et revenant un autre jour sur ce même sujet, il aurait dit de ce ton narquois qui lui est familier. « S'il y a des annexions pour tout le monde, on ne me reprochera plus celles que j'ai faites...! » En résumé, il faut convenir que l'Allemagne, dans la dernière période de la question orientale, a eu la plus grande part dans la conciliation entre les prétentions de l'Angleterre et de la Russie, et que c'est grâce à ses efforts que le Congrès a pu se réunir.

VII

Telle était la situation des grandes puissances chrétiennes au moment où le Congrès s'est assemblé à Berlin. La voici résumée sous une forme plus concise :

L'Angleterre, blessée à juste titre des procédés autoritaires des trois Empires pour le règlement de la question d'Orient, dominée d'abord par des susceptibilités moins légitimes peut-être que ses méfiances, repoussant toute entente européenne, puis ramenée avec peine à des sentiments plus conciliants qui, n'aboutissant à rien de précis, laissent la lutte s'étendre dans la plupart des provinces chrétiennes, et le champ libre à des arrangements particuliers entre l'Autriche, la Russie et l'Allemagne ; se décidant bien tard, après la défaite de Serbie, après les désordres qui ont ensanglanté la Pénin- sule presque entière, à une proposition de concert européen d'où sor- tira la conférence, laquelle n'empêchera pas, cependant, faute d'une résolution énergique, la guerre d'éclater entre la Turquie et la Russie : encourant par conséquent une part bien grave de responsabilité dans les embarras qui entraveront longtemps toute solution, et dans le sang versé à flots pour vider cette querelle que son inter- vention morale à condition d'être franche et résolue eût pu régler pacifiquement : abandonnant les intérêts européens pour les seuls intérêts de l'Angleterre, conduite par les fautes de la Russie à reprendre un rôle dont elle eût pu ne jamais se départir : assez habile enfin pour imposer sa suprématie sans livrer une seule bataille, et rendant possible, à la dernière heure, grâce à une certaine modéra- tion vis-à-vis de sa rivale, la réunion de toutes les puissances pour délibérer sur ces graves affaires et les régler.

La Russie, intéressée à la fois par des motifs de religion et de nationalité comme par ses traditions ambitieuses à obtenir l'affran- chissement des chrétiens de la Turquie : attachant au commencement le plus grand prix à associer le reste de l'Europe à des revendications légitimes qui ne pouvaient trouver, en effet, de triomphe certain, mesuré, durable, que dans son concours ; puis irritée des conditions mises à ce concours, entraînée par les excitations fatales d'un patriotisme exalté, se jetant, tête baissée, dans la guerre, sur de vaines promesses de neutralité, sans prévoir qu'il lui serait plus difficile encore de s'entendre avec l'Europe sur les conditions de la paix que sur la question de la guerre, sans calculer, d'un autre côté, l'état de ses finances ; en résumé, s'acheminant, sans nécessité, à des extrémités qui lui réserveront beaucoup de gloire, mais plus de sacrifices peut-être, que de profits.

L'Autriche-Hongrie ayant des intérêts sérieux, essentiels dans la question d'Orient, mais fort embarrassée de la manière dont elle les fera prévaloir, à cause de l'opposition des points de vue dans son propre empire, et parce que, voulant contenir les ambitions de la Russie, elle doit aussi la ménager ; n'ayant pas toute sa liberté d'allures..., promettant sa neutralité dans la guerre russo-turque, à condition d'être satisfaite dans le règlement final, déçue et irritée par le traité de San-Stefano, croyant avoir été jouée, décidée à s'en venger, satisfaite ensuite par les termes de la convention du 30 mai entre la Russie et l'Angleterre, mais se promettant au Congrès d'user de la puissance de l'Angleterre et de l'influence de l'Allemagne pour arracher le plus possible de concessions à son alliée.

L'Allemagne, affectant l'indifférence quant aux résultats des affaires d'Orient, mais, au fond, soucieuse avant tout d'empêcher le concert des trois Empires de se rompre, et de ne pas laisser se conclure, en dehors de son influence, d'alliances capables d'ébranler l'état de choses créé par le traité de Francfort ; s'engageant à flatter les ambitions de la Russie et à ne pas nuire à l'Autriche ; bien décidée d'ailleurs à ne pas s'opposer à des compensations prises aux dépens de la Turquie, mais comptant sur la reconnaissance des uns et sur l'affaiblissement des autres pour augmenter sa prépondérance en Europe, et assurer à sa politique les perspectives qu'il plairait au prince de Bismarck de lui ouvrir dans l'avenir ; désirant sincèrement aujourd'hui le maintien de la paix générale dont elle avait, du reste, un besoin impérieux pour elle-même.

La France, enfin, réduite par ses désastres à se recueillir, à se tenir en dehors des affaires qui ne la concernent pas au premier chef, à conserver la neutralité, mais intéressée, à tous les points de vue, à maintenir la paix en Europe, employant ses efforts, son habileté et sa considération croissante à concilier ses adversaires, décidée à persister dans ce rôle même lorsque la guerre a éclaté, et témoignant de son désintéressement et de sa bonne volonté jusqu'à prendre part à un Congrès dont elle ne recueillera aucun avantage pour elle-même, mais qui doit rétablir et consolider la paix.

Si nous avons laissé de côté l'Italie dans cette revue des puissances, ce n'est pas qu'elle n'occupe déjà en Europe une place importante, c'est que, comme grand Etat récemment constitué, elle n'a encore ni traditions précises à faire respecter, ni intérêts directs à sauvegarder en dehors de ceux qui sont communs à toute l'Europe, et que, puissance neutre, nous devons supposer qu'elle ne tient, comme la France, qu'à une chose, au maintien et au rétablisssement de la paix.

C'est ainsi que nous apparaît dans la suite des événements dont l'Orient a été l'occasion et le théâtre, la situation prise par les puissances, avec le but que chacune d'elles s'est proposé, l'habileté qu'elle a déployée, les fautes qu'elle a commises.

C'est dans ces conditions qu'elles se sont présentées au Congrès.

La haute assemblée a terminé ses délibérations; ses protocoles en ont été rendus publics; on jugera si ses résultats sont la conséquence logique et morale des divers rôles joués dans le drame.

Il ne nous reste que peu de choses à ajouter : ainsi que nous l'avons dit en commençant, le temps n'est pas venu d'apprécier la portée et les conséquences des actes du Congrès : nous nous contenterons d'énumérer les solutions données aux principales questions, et nous terminerons par de brèves réflexions.

VIII

Le Congrès réuni n'a siégé qu'un mois. Sa durée a été courte, si on envisage la gravité des résolutions qu'on y a prises; mais en se reportant aux longs pourparlers qui l'ont précédé et préparé, on comprendra la brièveté des délibérations destinées presque exclusivement à enregistrer des accords conclus préalablement, quant aux bases au moins.

Exposons brièvement les principales questions résolues par le Congrès.

La plus grave de toutes était, sans contredit, la délimitation de la Bulgarie. La Russie demandait la formation d'une principauté autonome tributaire avec un gouvernemement chrétien et une milice nationale, s'étendant du Danube aux portes de Constantinople, enserrant Andrinople et Salonique sans les englober et allant de la mer Noire à la mer Egée. L'Angleterre, appuyée par toutes les autres puissances, demanda la division de la Bulgarie en deux provinces, dont l'une, la Bulgarie du Nord, formerait une principauté autonome et tributaire, délimitée au sud par les Balkans, et l'autre resterait sous la domination de la Turquie, mais serait pourvue dans une large mesure d'autonomie administrative et d'un gouverneur chrétien nommé avec l'assentiment de l'Europe pour un certain nombre d'années.

Après une longue délibération qui occupa plusieurs séances, le Congrès se rangea du côté des propositions anglaises en les amendant sur quelques points importants, conformément aux demandes de la Russie : Varna et le sandjack de Sofia furent incorporés dans la principauté de Bulgarie. La province située au sud des Balkans, sous le nom de Roumélie orientale, fut dotée d'une gendarmerie locale, assistée d'une milice indigène dont les officiers seront nommés par le sultan. Il fut décidé que les troupes turques ne pourraient séjourner dans la Roumélie orientale, qu'elles auraient seulement le droit de traverser cette province pour le ravitaillement et l'entretien de garnisons destinées à occuper ses frontières de terre et de mer, et qu'elles seraient composées uniquement de troupes régulières. Enfin l'organisation de la nouvelle province autonome sera élaborée par une commission européenne d'accord avec la Porte ottomane.

C'étaient là, en résumé, des résultats qui, sans réaliser le *summum* des garanties désirées par la Russie, assuraient le but qu'elle s'était proposé : l'émancipation des chrétiens de la Turquie. Le comte Schouwaloff l'a reconnu, il est permis de le dire, dans la discussion qui eut lieu, au sujet de la Grèce, quelques jours après les résolutions du Congrès pour la Bulgarie, la Roumélie, la Bosnie, l'Herzégovine, la Serbie, le Monténégro et la Roumanie. « Les populations slaves ne troubleront pas la paix, a-t-il dit, aussitôt que l'Europe les aura dotées d'institutions qui garantissent leurs vies et leurs propriétés et qui assurent leur prospérité. Cette nouvelle situation sera le gage de la paix européenne. »

Deux points sont importants à noter dans cette longue discussion. La Russie a déclaré que la principauté de Bulgarie ne deviendrait pas une annexe de son Empire; c'est une satisfaction qu'elle donnait à l'Europe. Elle en reçut une autre à son tour de nature à contenter sa dignité. Le prince de Bismarck, constatant qu'il y avait dans le traité de San-Stefano beaucoup de points n'intéressant que la Russie et la Turquie, auxquels il était par conséquent inutile de donner un caractère européen, proposa au Congrès, au lieu de réviser le traité dans sa totalité, d'en rédiger un nouveau où se trouveraient recueillis les résultats des délibérations de l'assemblée, et qui lierait naturellement les deux parties contractantes du traité de San-Stefano; à une observation près de l'Angleterre, personne n'ayant élevé d'objections, ce mode de procéder fut adopté. Le traité de San-Stefano n'a donc pas été déchiré par l'Europe : il subsiste : cela a été nettement reconnu par le Congrès qui a décidé en même temps que les traités de 1856 et de 1871 étaient également maintenus, sauf dans celles de leurs dispositions qui n'ont pas été modifiées ou abrogées par le traité de Berlin. Nous nous permettons, quant à nous, de douter que ces nombreuses coexistences servent à donner la clarté désirable aux solutions indiquées... Au surplus on verra tout à l'heure que l'une des dernières résolutions de la haute assemblée a considérablement modifié la portée du traité de Berlin.

A cette question de la Bulgarie s'en rattachait immédiatement une autre. Conquise tout entière par la Russie, combien de temps après la paix cette province subira-t-elle leur occupation? L'Autriche, toujours en défiance vis-à-vis de la Russie, proposa d'en fixer la durée à six mois en ajoutant deux à trois mois pour le passage en retour des troupes victorieuses par la Roumanie. Cette proposition, soutenue par l'Angleterre et par la France, combattue par la Russie, fut amendée d'un commun accord, et le Congrès décida que l'évacuation de la Bulgarie serait accomplie dans un délai de neuf mois, avec un délai de trois mois en sus pour l'évacuation de la Roumanie, de telle sorte qu'au bout d'un an l'armée russe aurait complétement quitté ces provinces.

Après la fixation des destinées de la Bulgarie, le Congrès a voté l'indépendance de la Roumanie, de la Serbie et du Monténégro, en leur accordant des accroissements de territoire. La plus importante des discussions qui eurent lieu au sein de la haute assemblée concerne la Roumanie.

La Russie avait fait une question d'honneur personnel de la rétrocession de la Bessarabie, perdue par elle dans la guerre de Crimée; elle proposait de donner à la Roumanie, à titre de compensation, la Dobroudja, conquise par ses armes. La Roumanie se refusait à cet échange et de son côté elle avait également élevé son refus avec une certaine emphase à la hauteur d'une question de dignité patriotique. L'Angleterre l'appuyait, mais comme elle s'était convaincue que les autres puissances ne soutiendraient pas par les armes les prétentions de la Roumanie, elle avait déclaré qu'elle ne ferait pas de cette question un *casus belli*. C'est le petit Etat qui dut céder devant les sommations quelque peu impérieuses de la Russie soutenue par l'Allemagne. La France voulut la consoler dans sa disgrâce : elle plaida sa cause en faveur d'une adjonction de territoire au-delà du Danube, s'étendant de la mer Noire avec le port de Mangalia aux portes de Silistrie. La cause fut gagnée. En échange de cette adjonction de territoire et de son indépendance reconnue, la Roumanie dut accepter l'égalité de droits pour tous ses habitants, ainsi qu'une liberté complète de conscience et de culte. Cette condition fut exigée par le Congrès non-seulement pour la Roumanie mais pour toutes les provinces émancipées de la suzeraineté ou de l'autorité administrative de la Turquie. C'est évidemment une victoire remportée par la civilisation et la justice, et l'initiative de cette proposition revient à la France.

En consentant à l'agrandissement du Monténégro, on peut remarquer que l'Autriche sut prendre ses précautions. L'Autriche, que la Russie même appuyait un peu à son corps défendant, proposa, d'une part, d'annexer Antivari au Monténégro, accompagnant la cession de ce port de réserves qui lui ôtaient toute importance maritime, mais qui étaient très-favorables pour elle-même; de l'autre, de se faire concéder Spizza. La Turquie consentait à céder Spizza, mais non Antivari et l'on ne peut nier que, là et dans quelques autres circonstances, elle ait mal dissimulé le désir de revenir sur ses engagements de San-Stefano. La rude main du président du Congrès la ramena à des appréciations sinon plus consolantes pour elle-même, du moins plus conformes à la réalité de sa triste situation. L'Italie, de son côté, toujours inquiète d'agrandissements dont elle ne pouvait tirer un profit pour elle, émit quelque objection contre la cession de Spizza. Le Congrès n'en tint compte et l'ensemble des propositions autrichiennes fut accepté.

La question de la Bosnie et de l'Herzégovine avait plus de gravité que les précédentes Elle n'avait pas figuré dans les arrangements conclus à Londres entre la Russie et l'Angleterre, mais elle avait sans aucun doute été l'objet de stipulations particulières entre la Russie et l'Autriche. Au Congrès cette dernière puissance, s'appuyant sur des raisons assez équitables et sur d'autres moins avouables, chercha à démontrer que la solution de cette question intéressait l'Europe tout entière plus encore qu'elle-même, et elle fit proposer par l'Angleterre que les provinces de Bosnie et d'Herzégovine seraient occupées et administrées par l'Autriche-Hongrie. La Grande-Bretagne représenta à la haute assemblée les périls que ferait courir à la paix européenne le maintien de ces provinces entre les mains de la Turquie impuissante à les pacifier : si l'ordre de choses actuel continuait à subsister, tôt ou tard, suivant elle, la Bosnie et l'Herzégovine tomberaient entre les mains des principautés slaves voisines, ce qui deviendrait un grand danger et pour l'Europe et pour la Turquie elle-même, menacerait l'indépendance de celle-ci, en même temps qu'elle ruinerait ses finances déjà si endommagées. C'était donc à la fois dans l'intérêt de la Turquie et de la paix générale qu'on devait confier à l'Autriche, « puissance essentiellement conservatrice et peu ambitieuse, » le soin de rétablir l'ordre et la prospérité dans ces provinces.

La France appuya la proposition anglaise ; ce n'est pas sans quelque étonnement qu'on la vit soutenir des annexions déguisées sous les apparences d'une simple occupation.

L'Italie, plus conséquente avec elle-même, demanda, non sans une certaine timidité, quelques explications à l'Autriche sur la portée des mesures proposées ; à vrai dire elle n'en reçut pas.

Quant à la Turquie, des objections de sa part étaient bien naturelles. On peut imaginer tous ses arguments contre les demandes autrichiennes. Devant la quasi unanimité des puissances, il était certain qu'elle ne l'emporterait pas.

Elle ne succomba point toutefois sans avoir fait entendre à la haute assemblée quelques vérités d'ordre moral plus que d'ordre politique, mais qui, dans sa pensée, devaient aller droit à la conscience de certains de ses juges. « De ce qu'une province, dit-elle au cours de son argumentation, ne fournit pas au Trésor des sommes considérables, il n'en résulte pas que son occupation par les troupes d'une puissance étrangère doive être indifférente au souverain qui la possède !... »

...« L'opportunité ou la convenance, — dit-elle encore — qu'on trouve à l'annexion de provinces d'un Etat voisin n'est pas une raison suffisante... »

Mais le siège des puissances était fait ; la Turquie le comprit et elle finit par accepter la proposition de l'Angleterre en ces termes, bons à noter :

« Le gouvernement ottoman a pris en très-sérieuse considération l'opinion du Congrès relative aux moyens propres à amener la pacification de la Bosnie et de l'Herzégovine ; il y met une confiance entière et il se réserve de s'entendre directement et préalablement avec le cabinet de Vienne à cet égard. »

Nous le redirons : il serait inopportun aujourd'hui d'apprécier la portée des résolutions du Congrès. Mais devant la résistance vigoureuse qui a accueilli l'entrée des troupes autrichiennes dans ces provinces, au bruit des luttes qui les ensanglantent au moment même où nous achevons ces pages, qui ne s'est déjà posé ces questions : l'Europe a-t-elle suffisamment pesé tous les considérants de ces expropriations pour cause d'utilité publique ? Est-il bien certain que l'expropriation n'a pas eu plutôt pour objet de rentrer dans les vues de certaines politiques séparées que d'assurer l'avantage européen ? Et pourquoi a-t-on dédaigné absolument dans ces attributions de territoire de consulter les populations, objets de ces mesures, et que d'ailleurs la force des armes n'avait pas fait passer d'une domination à une autre ?... Questions délicates, au reste, que nous ne faisons qu'indiquer sans nous charger de les résoudre.

Quant aux autres provinces de la Turquie, contenant de nombreux éléments chrétiens, le Congrès a pris acte des engagements de la Porte de leur donner des institutions de nature à sauvegarder sérieusement leur liberté. Hélas ! de semblables engagements ont été successivement pris par la Porte avec une bonne foi que nous ne voulons pas contester : on sait ce qu'il en est advenu !

Les puissances ont insisté plus particulièrement sur la proposition de la France pour que la Turquie s'entendît avec la Grèce, afin d'accorder à celle-ci une rectification de frontières qu'elle regarde comme nécessaire et pour l'expansion de sa vie sociale et politique, et pour la garantie durable de bonnes relations entre les deux voisins. — Un article dans ce sens inséré dans les stipulations du traité de Berlin n'est peut-être qu'une récompense platonique accordée à la Grèce pour son inaction volontaire ou forcée pendant la guerre que la Turquie soutenait contre les Russes : mais qui sait si ces espérances illusoires ne sont pas de nature à précipiter une nouvelle conflagration sanglante?

L'indemnité de guerre à payer par la Porte à la Russie a donné lieu dans le sein du Congrès à une assez longue discussion ; la Turquie assura qu'elle était ruinée, qu'il lui était donc bien difficile de payer une indemnité quelconque ; et ses arguments rencontrèrent l'appui de l'Angleterre.

Quant à la Russie, tout en maintenant avec l'assentiment du Congrès son droit de régler avec la Turquie seule la question des garanties pour le paiement des trois cent millions de roubles arrêtés par le traité de San-Stefano, elle n'hésita pas à reconnaître d'un autre côté à l'Europe celui de se préoccuper des formes du règlement de cette indemnité, car elle aussi avait des intérêts à sauvegarder. En conséquence elle fit les importantes déclarations qui suivent : elle affirma qu'en aucun cas l'indemnité ne serait convertie en une cession territoriale, et que la situation, en ce qui concernait les emprunts antérieurs garantis, resterait la même qu'avant la guerre. La France et l'Allemagne en particulier jugèrent ces engagements satisfaisants. Le prince de Bismarck, résumant la discussion constata au nom du Congrès deux choses : 1° Que la Russie ayant donné satisfaction à l'intérêt politique par ses deux déclarations, notamment par celle qui reconnaissait la priorité des hypothèques pour les emprunts étrangers, le fond des choses était réglé par là, que le reste n'était plus qu'une question de rédaction, et 2° que les stipulations relatives à l'indemnité de guerre n'avaient pas été « confirmées » par le Congrès, puisque celui-ci ne pouvait se faire garant de la solvabilité de la Porte.

Si l'Europe avait obtenu une satisfaction bien légitime, la Russie de son côté n'eût pas à se plaindre de la solution de ce débat.

Nous avons fait remarquer déjà les engagements pris et acceptés dans le Congrès en faveur de la plus grande extension possible de la liberté religieuse. « Aucune entrave, a prononcé le Congrès, ne pourra être apportée soit à l'organisation hiérarchique des différentes communions, soit à leurs rapports avec leurs chefs spirituels. » Nous n'avons qu'un vœu à former : c'est que toutes les puissances qui ont doté les chrétiens de la Turquie d'une liberté aussi complète et aussi excellente, veuillent bien l'appliquer au même degré chez elles.

Il convient de rattacher à ce sujet un article proposé par la France relativement aux Lieux-Saints et accepté unanimement; cet article est ainsi libellé : les droits acquis à la France sont expressément réservés et il est bien entendu qu'aucune atteinte ne saurait être portée au *statu quo* dans les Lieux-Saints.

Enfin nous devons enregistrer l'adoption d'une proposition de l'Autriche, légèrement amendée par la Russie, destinée à accroître les garanties assurées déjà par le traité de 1856 à la libre navigation du Danube.

Quant à la question des Détroits qui avait assez fortement agité l'opinion publique pendant un temps, il fut convenu unanimement que l'ordre de choses établi par les traités de 1856 et par l'article 2 du traité de Londres en 1871 serait maintenu.

Restait encore à régler un point très-controversé, celui des conquêtes russes en Arménie. Il le fut heureusement, grâce aux sentiments de conciliation de l'empereur Alexandre. La Russie restitua Erzeroum, Bayazid et l'Alachkerd à la Turquie, en stipulant que celle-ci, en échange de Bayazid et de l'Alachkerd, rendrait le territoire de Khotour à la Perse; elle conserva Ardahan, Kars et Batoum, qu'elle érigea en port franc « essentiellement commercial ».

Il y avait aussi des réformes reconnues par tous indispensables pour améliorer le sort des Arméniens, sujets de la Turquie. Le Congrès, sur la proposition de l'Angleterre d'accord avec la Sublime-Porte, adopta une résolution portant que « la Sublime-Porte s'engageait à réaliser sans retard les améliorations et les réformes exigées par les besoins locaux dans les provinces habitées par les Arméniens et à garantir leur sécurité contre les Kurdes et les Circassiens. »

L'Angleterre s'était bien gardée de faire à l'Europe la confidence des moyens qu'elle était convenue de prendre avec la Porte pour assurer ces améliorations et ces réformes. Toutefois on ne peut méconnaître que lord Salisbury n'en ait fait pressentir quelque chose à la Russie d'abord, au Congrès ensuite, quand il déclara dans le sein de la haute Assemblée « qu'au cas où la Russie croirait devoir persévérer dans son projet d'annexion, l'Angleterre se réserverait le droit de sauvegarder ses intérêts et son influence sur les populations par le moyen qu'elle jugerait convenable. »

Nous nous hâtons d'arriver aux derniers débats du Congrès; ils ne furent pas les moins importants. La Russie ayant exprimé le vœu que l'œuvre de pacification accomplie par le Congrès dans un esprit de conciliation assure à l'Europe une paix durable et solide, demanda aux grandes puissances participant au Congrès de garantir collectivement l'exécution de ses résolutions.

Le Congrès répondit par un refus.

La Russie demandait une *garantie collective*. L'Allemagne proposa seulement la *surveillance et le contrôle*, sans que pour cela chaque Etat isolément fût obligé de prêter main-forte à l'exécution des arrangements pris au Congrès. La Russie, abandonnée par l'Allemagne elle-même, corrigea sa première proposition dans le sens indiqué par le prince de Bismarck, mais en ajoutant que les puissances se réservaient de s'entendre au besoin sur les moyens propres à assurer un résultat que ni les intérêts généraux de l'Europe, ni la dignité des grandes puissances ne leur permettraient de laisser invalider. C'était presque un retour au dernier article du memorandum de Berlin et, à ce titre, la proposition russe, si elle était logique, raisonnable, conforme à la dignité de l'Europe, avait l'inconvénient de ressusciter les difficultés qui avaient surgi au début des affaires d'Orient, et comme d'ailleurs elle présenterait incontestablement des obstacles de plus d'une sorte dans l'exécution, on peut dire que c'était une imprudence. L'Autriche amenda à son tour la nouvelle proposition de la Russie. La France et l'Angleterre demandèrent le rejet de toutes les propositions de ce genre, qui, suivant elles, paraîtraient consacrer une ingérence incessante dans tous les actes du gouvernement ottoman, et jetteraient un élément considérable de désaccord pour l'avenir entre les puissances qu'une œuvre de paix et de concorde venait de réunir. En résumé, elles demandaient que le Congrès se bornât à prendre acte de l'engagement que la Sublime-Porte avait pris dans le cours de cette discussion, « d'exécuter toutes les décisions du Congrès dans le plus bref délai. » On alla aux voix, et la proposition russe, quelque diminuée qu'elle ait été, et la proposition autrichienne plus amoindrie encore, furent toutes deux rejetées. C'était l'avis de l'Angleterre et de la France, ainsi que le Président le constata, qui l'emportait.

Le point qui avait particulièrement sollicité les préoccupations de la Russie était l'amélioration du sort des chrétiens livrés comme antérieurement aux seules promesses de la Turquie, et la Russie avait observé très-judicieusement qu'il importait d'éviter les mécomptes de 1856. Le Congrès jugea qu'en s'engageant à faire exécuter ces résolutions, les grandes puissances pourraient être entraînées plus loin qu'elles ne le voulaient. C'était peut-être de la prudence, mais à coup sûr, par ce refus, elles ont enlevé toute sanction à leurs résolutions. L'action de l'Europe n'aura plus lieu de s'exercer collectivement. Elle pourra devenir autrichienne en Bosnie et en Herzégovine, russe en Bulgarie, anglaise en Asie-Mineure, mais la question d'Orient a cessé d'être une question européenne. La paix du monde en sera-t-elle mieux assurée ?

C'est ce qui nous a fait dire plus haut que la portée du traité de Berlin avait été sensiblement modifiée par les dernières délibérations du Congrès.

Tel est, en résumé, l'ensemble des principales stipulations du Congrès de Berlin.

Qu'en résultera-t-il pour la pacification de l'Orient ? Nous n'osons le préjuger.

Quels avantages particuliers ont retiré les principales puissances intéressées dans cette grave question? Il ne sera pas beaucoup plus aisé de répondre dès aujourd'hui à cette question qu'à la précédente, si on considère les divergences profondes qui existent à cet égard dans le sein même de ces États, l'Angleterre, l'Autriche-Hongrie et la Russie.

Dans le premier, aussitôt qu'a été divulguée l'importante convention signée le 5 juin 1878 entre l'Angleterre et la Turquie pour le protectorat de l'Asie-Mineure, les discussions les plus vives ont éclaté et elles continuent encore. Sans doute on n'a pas contesté que l'influence de l'Angleterre n'ait amoindri au Congrès les triomphes de la Russie, mais on s'est demandé s'il y avait lieu de se féliciter ou de s'inquiéter de cette extension de la prépotence britannique dans des régions aussi difficiles à administrer et à gouverner que les contrées de l'Inde; s'il n'était pas bien périlleux d'avoir rapproché face à face l'Angleterre et la Russie jusque-là séparées en Asie par des espaces considérables et propres à éloigner les chances de conflits entre les deux puissances. Était-ce une nouvelle couronne sur la tête de la Grande-Bretagne ou un boulet à ses pieds? Enfin le cabinet de Londres avait-il témoigné d'une grande sincérité vis-à-vis de l'Europe en arrivant au Congrès paré du titre de défenseur de ses intérêts, vis-à-vis de la Russie lorsqu'il venait de conclure avec elle une convention que cette puissance devait à bon droit considérer, malgré certaines expressions un peu mystérieuses, comme la solution des difficultés qui les divisaient, vis-à-vis de la France enfin à qui elle adressait peu de jours auparavant des avances significatives en lui tenant cachés des arrangements de nature à pénétrer presque subrepticement dans la sphère de son antique influence?

Voilà les questions qu'on ne s'adressait pas seulement en Angleterre mais dans le reste de l'Europe, et qui ne sont pas encore résolues.

En Autriche-Hongrie, les opinions au sujet de l'occupation de la Bosnie et de l'Herzégovine sont aussi partagées qu'en Angleterre relativement au protectorat de l'Asie-Mineure. Pourquoi après avoir si souvent déclaré dans les parlements de la Cisleithanie et de Transleithanie qu'on ne voulait ni annexions ni occupations, le gouvernement austro-hongrois a-t-il demandé au Congrès l'occupation indéfinie, quand au terme, de la Bosnie et de l'Herzégovine? Pourquoi introduire dans l'Empire un nouvel et nombreux élément slave? Les uns redoutent le rôle assumé par l'Autriche-Hongrie, les autres y applaudissent. Des perspectives brillantes s'ouvriront peut-être pour elle, pour ses destinées futures, pour ses intérêts commerciaux par l'influence qu'elle doit acquérir dans la partie occidentale de la presqu'île des Balkans, par la possession de voies ferrées qui aboutissent à Salonique!... Mais quand on se livrait à ces espérances, au lendemain du Congrès, nul ne doutait que l'occupation ne fut une simple promenade militaire ; et aujourd'hui qu'il s'agit d'une campagne sanglante, laborieuse, prolongée, les doutes émis sur l'opportunité et l'habileté de la politique austro-hongroise ne doivent-ils pas revêtir une plus grande consistance ?

Nous le répétons, il est impossible à l'heure présente de se prononcer sur les avantages acquis au Congrès par l'Angleterre et par l'Autriche-Hongrie, et il est sage de se récuser devant un horizon aussi chargé de ténèbres.

Nous n'en dirons pas tout à fait autant par rapport à la Russie ; ce n'est pas trop s'aventurer que d'affirmer dès à présent que cette puissance a retiré des avantages réels de ses sacrifices.

Sans doute la Russie a dû faire des concessions qui lui ont été sensibles à propos de la délimitation de la Bulgarie ; sans doute la sphère d'influence de l'Autriche s'est étendue aux dépens de la sienne dans la presqu'île des Balkans ; sans doute encore là où son traité particulier avec la Turquie avait stipulé l'intervention seule d'un commissaire russe pour les règlements d'organisation et d'administration, le traité de Berlin a joint aux agents russes ceux des autres puissances : encore l'habileté et la vigueur du comte Schouwaloff ont-elles réussi à lui attribuer la part principale dans l'organisation intérieure de la principauté de Bulgarie : tout cela est vrai, mais à qui la Russie peut-elle s'en prendre si ce n'est aux imprudences de Moscou et de San-Stefano ? Après tout, voici ce qu'elle a gagné. Le traité de Londres en 1871 avait déjà restitué à ses vaisseaux de guerre le droit de naviguer dans la mer Noire ; le traité de Berlin lui rend encore la Bessarabie. La guerre de Crimée avait violemment brisé une des bases de sa politique en Orient, le protectorat exclusif de ses coréligionnaires dans l'Empire ottoman ; l'Europe avait voulu du moins en partager la protection avec elle. En 1878, la Russie a repris victorieusement le cours de ses traditions, et si l'Europe a amoindri le fruit de ses victoires, elle en a d'ailleurs laissé subsister la plus grande partie, la constitution de la principauté de Bulgarie en fait foi ; celle de la Roumélie orientale en est également le témoignage ; et en définitive, la Péninsule tout entière attestera que c'est grâce aux efforts, à la persévérance, au sang de la Russie que les chrétiens doivent leur affranchissement. — Que reste-t-il donc des traités de 1856 ? Rien, ou peu de chose. — Est-ce une mince satisfaction pour la Russie ?

D'autre part, elle s'était inutilement rendue maîtresse de Kars dans plusieurs campagnes. Cette fois, elle en acquiert définitivement la possession. — Ses frontières ont été étendues en Arménie. — Ardahan et Batoum lui restent, Batoum qui lui fournit un port auquel elle attachait une valeur considérable et dont l'importance ne sera pas diminuée par la restitution de Bayazid à la Turquie. Enfin qu'est devenu l'Empire ottoman ? Ses nombreux protecteurs se chargeront de la réponse. Sa puissance était un contre-poids à celle de la Russie, dans la mer Noire particulièrement : le contre-poids n'existe plus.

En résumé, si l'on doit reconnaître que le triomphe de la Russie n'a pas été aussi complet qu'elle en avait conçu l'espérance, non sans quelques illusions, il est incontestable que, tout compensé, elle a atteint le but qu'elle pouvait se proposer. C'est un triste spectacle que celui des extrémités auxquelles l'injustice des hommes peut se laisser emporter. Des feuilles publiques en Russie, à Moscou en particulier, ont osé reprocher à leurs plénipotentiaires d'avoir mal défendu les intérêts de leur patrie et d'en avoir compromis l'honneur. Ce n'est pas le patriotisme qui a pu inspirer de pareils propos, c'est le fanatisme, et les exagérations de ce dernier sentiment ne méritent pas le respect dû à l'autre, même dans ses écarts. L'empereur Alexandre et son habile ministre le prince Gortschakoff peuvent à bon droit se féliciter — plus que l'Europe — d'avoir à peu près effacé les traités de 1856, et il n'est personne assurément au Congrès, même parmi leurs adversaires, qui n'ait admiré les ressources, la valeur et la constance des plénipotentiaires russes.

Quant à la France, il n'est que trop vrai de dire qu'à chacune des solutions soulevées dans le Congrès, elle a ressenti les douloureuses conséquences de ses revers de 1871 ! Ce serait se placer à un point de vue trop absolu que d'adresser des reproches à notre ministre des affaires étrangères. La situation des plénipotentiaires de la France au Congrès était bien délicate ; peut-être leur eût-elle commandé une réserve plus entière. Peut-être M. Waddington se fait-il quelques illusions en déclarant que le traité de Berlin est la seule solution durable de la question d'Orient ! du moins, on doit leur rendre la justice qu'en défendant les intérêts de la Grèce et de la Roumanie, en soutenant la liberté de conscience, et en réservant les droits de la France dans les Saints-Lieux, nos plénipotentiaires sont restés fidèles aux traditions de la politique française.

Il faut bien ajouter que le moment n'est pas arrivé pour la France de reprendre le rôle qu'elle a de tout temps joué sur la scène du monde. L'heure n'est pas encore venue d'abandonner la politique inaugurée par M. Thiers et M. de Rémusat, conservée et suivie par le maréchal de Mac-Mahon, le duc de Broglie et le duc Decazes. Grâces à Dieu, la France reprend ses forces ; lorsqu'elle les aura recouvrées tout entières, elle examinera de quel côté doivent la porter ses intérêts. On viendra alors au devant d'elle. Prendre aujourd'hui le rôle opposé serait manquer à sa dignité. Accepter dès à présent des avances, quelques flatteuses qu'elles paraissent, et se laisser entraîner à former des liens soit avec l'Angleterre, soit avec la Russie, soit avec l'Allemagne, ce serait une imprudence. Mais affirmer aussi que telle de ces alliances ne sera jamais la sienne, ce ne serait pas commettre une imprudence moindre. Et lorsque nous entendons des hommes qui ont la prétention de personnifier l'avenir de la France, régler d'avance ses destinées et ses alliances en des déclarations plus bruyantes heureusement que réfléchies, nous nous sentirions profondément effrayé si nous étions condamné à admettre que l'avenir de ces alliances sera en effet, et quoiqu'il arrive, à la merci d'un parti pris. Dieu nous garde des imprudents.

Enfin que durera le traité de Berlin?

Assurément, dans l'état actuel du monde, après vingt-quatre ans de guerres continuelles qui ont soulevé tant d'intérêts opposés et qui ont modifié si profondément, nous ne savons pour combien de temps, l'équilibre européen, il serait téméraire d'affirmer, même au lendemain d'un traité signé par toutes les grandes puissances, qu'une ère de paix durable a commencé, que les ambitions sont rassasiées et toutes les défaites oubliées. Mais il y a partout une grande lassitude de la guerre! Le commerce, l'industrie dans l'Europe entière ont subi de si profonds ébranlements que la paix est une nécessité pour tous les intérêts! Les grandes puissances les plus directement engagées dans le conflit oriental ont reçu d'ailleurs des satisfactions considérables à leurs aspirations. Celui qui provoquerait la guerre aujourd'hui encourrait de terribles responsabilités.

Terminons ces pages sur des espérances que nous empruntons aux paroles du président du Congrès. « S'il a été impossible, a-t-il dit dans la dernière séance de la haute assemblée, de réaliser toutes les aspirations de l'opinion publique, les plénipotentiaires auront du moins la conscience d'avoir, dans les limites du possible, rendu et assuré à l'Europe le grand bienfait de la paix si gravement menacée. J'ai le ferme espoir que l'entente de l'Europe avec l'aide de Dieu restera durable! »

On lit dans la très-intéressante correspondance du chevalier de Gentz que les traités de Vienne n'aboutirent qu'après les tiraillements les plus prolongés et dans les sens les plus opposés. Alors on prédisait de toutes parts qu'ils tomberaient en désuétude au bout de peu d'années, peut-être de quelques mois; et cependant l'œuvre du célèbre congrès est restée pendant quarante ans le fondement du droit international de l'Europe. Il y a bien des chances pour que le traité de Berlin ait une existence moins longue et plus troublée, mais il y a beaucoup à parier aussi qu'il vivra plus longtemps que ses détracteurs ne le prédisent.

Paris. — E. DE SOYE et FILS, imprimeurs, place du Panthéon, 5.

PARIS. — E. DE SOYE ET FILS, IMPR., 5, PL. DU PANTHÉON.

www.ingramcontent.com/pod-product-compliance
Lightning Source LLC
LaVergne TN
LVHW021157200726
843510LV00001B/422